CHÁ DE BEBÊ
PLANEJANDO DO ZERO

CHÁ DE BEBÊ
PLANEJANDO DO ZERO

SUMÁRIO

Travel System Reverse Cosco – Rosa

Link>>> https://amzn.to/323dQbX

INTRODUÇÃO

Que maravilha! Uma de suas melhores amigas em todo o mundo acaba de anunciar que está grávida. Naturalmente, você está encantado e não consegue conter as lágrimas de alegria.

É difícil imaginar que, em questão de tempo, sua amiga especial será mãe (talvez pela segunda ou terceira vez ... ou mais!).

À medida que você deixa a notícia incrível afundar, seu amigo está visualizando a jornada que dará início a uma nova vida no mundo: as visitas do ginecologista, o enjoo matinal, o exame de ultrassom, a montanha-russa de emoções que culminará em uma experiência que desafia a descrição.

Na verdade, apesar da frequência de nascimentos - dezenas de milhares por dia, em todo o mundo - eles permanecem nada menos que milagrosos. Não é difícil imaginar, portanto, que seu amigo está refletindo sobre questões que são realmente difíceis de expressar em palavras.

Seu mundo, entretanto, é um pouco mais pragmático. Você está pensando no chá de bebê; ou melhor, você está pensando que talvez não saiba o suficiente sobre como planejar e administrar um chá de bebê. E isso te preocupa.

Bem, não se preocupe mais! Em suas mãos (ou na tela) está o Guia rápido e fácil para o chá de bebê. Nas páginas a seguir, você aprenderá tudo o que precisa saber para preparar um chá de bebê perfeito.

Você aprenderá sobre os elementos de:

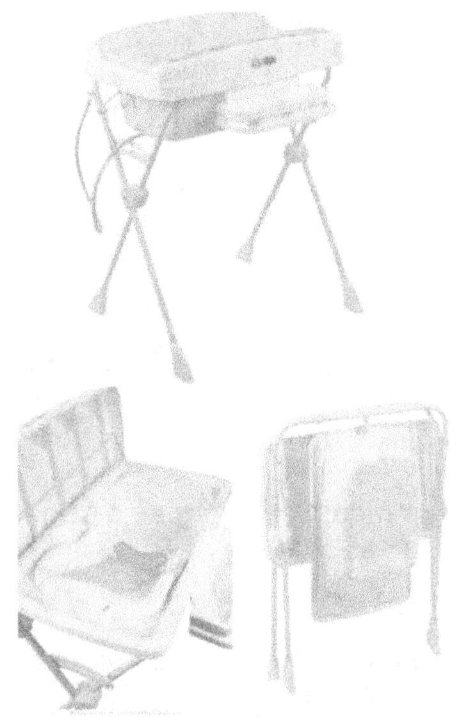

Millenia, Burigotto, Branco

Link>> https://amzn.to/3edoQs0

PLANEJANDO UM CHÁ DE BEBÊ DO ZERO

Gerenciando um chá de bebê do início ao fim

Outras dicas, estratégias e sugestões

Não se preocupe se nunca organizou um chá de bebê antes. E se preocupe ainda menos se, no passado, você tentou organizar um chá de bebê, mas se deparou com alguns obstáculos ao longo do caminho. Este livro foi projetado para ser fácil, prático e divertido.

Na verdade, se você não for cuidadoso, pode simplesmente se tornar um especialista em chás de bebê, com pessoas ligando para você e pedindo seus conselhos e ideias. Isso seria divertido?

Conforme você avança neste livro, tenha em mente que as sugestões aqui devem ser aplicadas - e funcionam - mas sempre há um elemento de exclusividade em cada chá de bebê.

Então, em vez de preparar um chá de bebê da maneira que você pode montar uma receita - adicionando ingredientes exatamente como estão listados e terminando com um prato previsivelmente saboroso - você é gentilmente aconselhado a abordar seu projeto de chá de bebê de forma um pouco diferente.

Use o conselho aqui como um guia para criar um dia mágico para a futura mamãe e para as pessoas atenciosas que vão ao chá de bebê.

Algumas das ideias aqui você vai querer levar para o banco; outros podem não se adequar ao que você está tentando fazer ou ao que pode ser feito (como alguns dos jogos do chá de bebê de que falamos). Não se preocupe se aplicar apenas parte do que leu aqui.

Use seu bom senso e lembre-se: os chás de bebê devem ser divertidos e eventos especiais. Eles não foram feitos para serem estressantes, e a última pessoa que deve se sentir oprimida é você.

Agora que você tem este livro, organizar um chá de bebê excelente e memorável pode ser a coisa mais fácil que você faz durante todo o ano (ou claro, você não precisa dizer às pessoas que foi tão fácil .

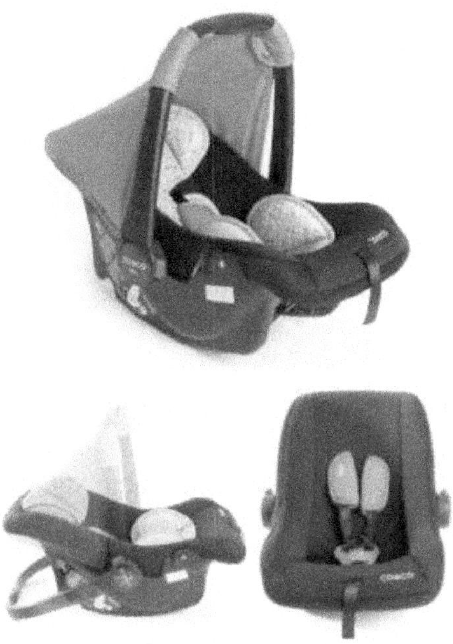

Bebê Conforto Bliss, Cosco, Rosa

Link>> https://amzn.to/2HUVDWu

PLANEJANDO O CHUVEIRO

Quem vai tomar banho?

Há um debate em andamento - que pode na verdade se tornar bastante emocional e vocal - que tentou determinar se um parente deveria ou não dar o chá de bebê. Tradicionalmente, a opinião é de que um parente não deve fazer chá de bebê, porque pode parecer que o parente está pedindo presentes.

Mesmo assim, as tradições mudam e há ocasiões em que um irmão, um primo ou uma tia pode ser a escolha ideal e conveniente.

Então o que você deveria fazer? Para responder a isso, podemos responder com a melhor e, às vezes, a mais insatisfatória de todas: depende.

Desculpe, mas realmente depende. Se você vem de um ambiente tradicional ou convencional, pode ser sábio ver que um não parente está encarregado do chá de bebê.

Além disso, mesmo que você, pessoalmente, se sinta confortável com um parente oferecendo o chá de bebê, alguns de seus convidados - que podem se sentir menos confortáveis com ele do que você - podem objetar (ou apenas sussurrar sobre isso pelas suas costas).

Use seu julgamento aqui. Talvez o conselho mais prático seja este: se você não pode, de maneira conveniente e agradável, deixar um parente comandar as coisas, então esse provavelmente será o melhor caminho a seguir.

No entanto, se isso não for possível, plausível ou preferido, não se sinta alguém do espaço sideral porque é parente da futura mamãe. Mais e mais pessoas estão rompendo com a tradição; especialmente porque eles sentem que a percepção de um parente "pedindo presentes" indiscutivelmente não existe mais.

Os presentes (sobre os quais falaremos mais adiante neste livro) são parte integrante dos chás de bebê; é muito difícil imaginar alguém sem presentes. Sendo esse o caso, se um parente os solicita dos participantes do chá de bebê ou um não parente os solicita, indiscutivelmente não é importante para os participantes.

Eles provavelmente estão focados no que o chá de bebê deve enfocar: a futura mamãe e uma oportunidade maravilhosa de compartilhar sua alegria.

Agora, há uma coisa divertida (pelo menos de nossa atual perspectiva independente) sobre isso que você deve saber. Algumas pessoas podem não querer ligar o chá de bebê. Presume-se que, se você está lendo isto, está bastante satisfeito com a tarefa e gostaria de fazer um pouco de qualidade - e fácil! - pesquisa para que tudo corra bem.

No entanto, se você não é quem está segurando o chá de bebê, mas talvez a futura mamãe que está prestes a entregar este livro a um parente ou amigo que fará o chá de bebê, então devemos dar um tempo para falar sobre algo importante.

Um chá de bebê é um evento maravilhoso que é cheio de risos, amor e talvez algumas lágrimas (de felicidade). No entanto, montar um pode exigir um investimento de tempo. Não muito tempo; não comparado a, digamos, planejar um casamento ou, para algumas pessoas, planejar férias.

No entanto, é justo simplesmente notar que preparar um chá de bebê requer algum foco e algum tempo. Se você estiver prestes a nomear alguém para assumir esta tarefa, tenha isso em mente; essa pessoa deve entender que ela precisará fazer um pouco de trabalho (mas é um trabalho divertido, é claro).

E se você foi convidado a preparar um chá de bebê - ou se apenas foi assumido que você o fará - e você está um pouco preocupado com a sua própria falta de tempo disponível, então não se preocupe.

Este livro irá ajudá-lo imensamente. Além disso, nada o impede de recrutar um ou dois deputados para ajudá-lo com os detalhes, como preparar comida, refrescos e ajudar na decoração e nos jogos.

Quando o banho deve acontecer?

Esta é uma pergunta importante a fazer e, claro, a responder. E, como de costume, existem alguns pontos de vista diferentes sobre quando realizar o chá de bebê. Felizmente, no entanto, esses pontos de vista não são tão discutíveis quanto às vezes quando se trata de um parente ou não-parente deve fazer o chá de bebê (como discutimos acima). Portanto, não se preocupe; este é um desafio bastante fácil e direto de resolver.

Agora, o verdadeiro problema aqui é simplesmente que não há uma resposta clara para a pergunta: quando deve acontecer o banho? A resposta para essa pergunta quase sempre dependerá de fatores específicos da futura mamãe, dos convidados e de outras questões.

Portanto, em vez de fornecer uma resposta "tamanho único" aqui - que é algo que não podemos fazer sem conhecer os detalhes de seu chá de bebê específico - vamos apenas examinar as variáveis.

Depois de saber isso, você poderá determinar facilmente quando o chá de bebê deve ser realizado.

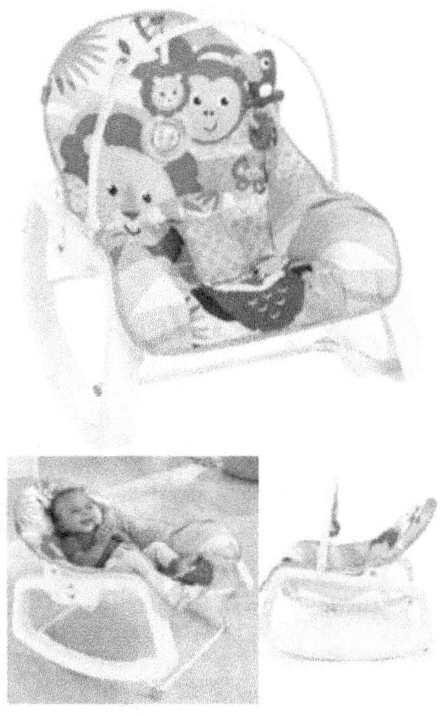

Cadeirinha Macaquinho e Leão

Link>> https://amzn.to/3235Urc

Cadeirinha com Isofix Multifix 0 a 36kg, Safety

1st, Grey Urban link>>> https://amzn.to/3jLezEn

A FUTURA MAMÃE

Vamos começar com a futura mamãe. Ela pode ter uma preferência sobre quando o banho deve ser realizado; e essa preferência deve ser atendida.

O futuro pai também pode fornecer informações aqui, o que é maravilhoso e deve ser parte do processo geral de tomada de decisão (examinaremos mais de perto os chás de bebê de "casais" mais adiante neste livro).

Que tipo de coisas podem influenciar a preferência de uma futura mãe sobre quando o banho deve ser realizado? Alguns preferem tomar banho na hora do show; eles podem achar que há algo mais apropriado (na falta de uma palavra melhor) sobre segurar o chuveiro quando as pessoas podem realmente ver que um bebê está a caminho.

Em termos práticos, isso significa que o banho pode ser realizado bem no segundo trimestre ou no terceiro.

Os convidados

Como todos sabemos, dezembro é época de festas e eventos; negócios e pessoais. Como resultado, pode ser educado não realizar o chá de bebê durante a "época de festas", pois isso pode influenciar se as pessoas poderão comparecer (ou se poderão relaxar quando forem, porque não têm mais três " encontros "para ir depois do chá de bebê!).

Além disso, se você vive em um clima invernal, pode ser uma ideia agradável não tomar o chá de bebê no auge do inverno.

É verdade que a vida continua em meados de janeiro e as pessoas vão trabalhar e fazer muitas das coisas que querem (ir às compras, ir a restaurantes e assim por diante), mas se isso não fizer absolutamente nenhuma diferença para você e a futura mãe (e / ou o futuro pai) quer o chá de bebê seja no final de janeiro ou no final de abril, então pode ser aconselhável escolher o último; simplesmente por questões climáticas.

Conjunto Bebê Plush e Suedine Estampado

Estrelinhas link>> https://amzn.to/2JsDslI

OS PRESENTES

Isso é algo em que a maioria das pessoas não pensa até que alguém o toca, e então dizem a si mesmas: ohhhh, sim, faz sentido! Felizmente para você, está dando uma espiada nesse pensamento bem antes de alguém no chá de bebê perguntar!

Como todos sabemos, algumas pessoas preferem dar presentes específicos para cada gênero.

Embora, de fato, os tempos tenham mudado e os fabricantes de itens relacionados ao bebê estejam criando itens mais neutros em termos de gênero, ainda há um grande contingente de pessoas que querem dar presentes azul-bebê para um filho iminente ou presentes cor-de-rosa para uma filha iminente.

À luz disso, se os futuros pais decidiram aprender o sexo do bebê por meio de ultrassom e depois decidiram compartilhar essa informação com o mundo em geral, então isso pode ser muito apreciado pelos convidados do chá de bebê se você segure o banho depois que as informações de gênero do bebê forem amplamente divulgadas.

Em outras palavras: algumas pessoas ficarão gratas por saber se um menino ou uma menina está a caminho antes de comprarem seu presente.

Os testes de diagnóstico de gênero por ultrassom normalmente acontecem por volta da marca de 9 semanas de gestação (embora possa ser mais tarde em alguns casos), e então este fator pode influenciar se você deve segurar o banho cedo ou esperar até que esta informação seja conhecida (assumindo, é claro , que os futuros pais querem saber!).

01)   Body Bebê e Calça Mijão Kit 10 Peças Manga Curta Feminino LINK>>

https://amzn.to/3eg3qdK

02)   Huggies Fralda Tripla Proteção Hiper G, 78 Fraldas LINK>> https://amzn.to/3mL7aqu

CHÁ DE BEBÊ PÓS-PARTO

Algumas pessoas ficam surpresas ao saber que muitos chuveiros do bebê acontecem depois que o bebê nasce. Na verdade, isso é bastante comum porque, além de tomar banho propriamente dito, esse momento proporciona aos hóspedes a oportunidade maravilhosa de realmente ver o bebê (e fazer todos os tipos de barulhos goo goo gaa gaa que todos nós gostamos de fazer!).

Manter um banho de chuveiro após o nascimento também pode funcionar melhor à luz de outros fatores observados acima, como clima e preferências dos futuros pais.

Envio de convites

Ok, é aqui que as coisas podem ficar um pouco estranhas. Risca isso; É aqui que algumas pessoas temem ser responsáveis por um chá de bebê, porque a questão é: quem convidar?

Uma boa regra aqui é trabalhar com a futura mãe (e idealmente, com o pai) para decidir quem deve comparecer e quem deve ser deixado de fora da lista. Este é um cenário delicado e pode causar uma série de pequenas dores de cabeça (até mesmo algumas das maiores).

O problema é, simplesmente, que embora fosse ideal convidar todos que gostariam de participar, isso simplesmente não é prático; seja economicamente, ou simplesmente em termos de planejamento.

Em última análise, as decisões terão de ser tomadas, e se você puder trabalhar com os futuros pais para tomar essas decisões, as chances de tomar decisões sábias aumentarão.

Depois de descobrir quem convidar - e esse processo pode levar alguns dias para pensar e repensar - a próxima etapa é enviar os convites. Certifique-se de fazer isso bem antes do chá de bebê. Existem duas razões principais para isso.

Em primeiro lugar, você quer dar aos seus convidados tempo suficiente para que, se eles tiverem algo planejado para a data do chá de bebê, eles possam, se quiserem, mudar esses planos para comparecer.

Se você não avisar com antecedência, mesmo que eles queiram alterar seus planos existentes, eles podem não conseguir.

Em segundo lugar, você deseja dar às pessoas tempo suficiente para RSVP (ou seja, confirmar sua presença). Algumas pessoas não são as pessoas mais organizadas do mundo e, como tal, podem não RSVP imediatamente. Como tal, você deseja dar a eles um pouco de tempo para fazer isso em sua lista de tarefas sempre crescente.

Agora, há outra questão aqui que devemos discutir. Algumas pessoas pensam, ou simplesmente presumem, que se você não RSVP, isso significa que não comparecerá.

Na verdade, isso não é tecnicamente correto. RSVP não significa (nem mesmo na língua francesa de onde vem) que alguém vai comparecer. Simplesmente significa: por favor, volte para mim sobre isso.

Qual é o problema? É que pode ser um pouco desastroso presumir que, se você não receber um RSVP, as pessoas não comparecerão. Porque algumas pessoas simplesmente aparecerão, e quando você diz que presumiu que elas não estavam vindo porque não "confirmaram", elas podem franzir a testa e dizer o que estamos apontando aqui: RSVP, em si, não significa sim ou não. Significa apenas: por favor, responda.

Naturalmente, é claro, as pessoas devem confirmar presença e avisar se vão comparecer. É a coisa educada a fazer, sem dúvida.

Mas educado é um daqueles termos do observador; e as pessoas que não investiram vários dias de suas vidas para organizar um chá de bebê memorável podem não perceber o quão indelicado estão sendo apenas aparecendo sem avisar.

Então, como você resolve esse problema? Bem, como todas as boas soluções: você evita antes que se torne um problema! Embora queira que todos os seus convidados confirmem, você deve deixar bem claro que gostaria de uma resposta, independentemente de eles comparecerem.

Para tanto, dependendo do tamanho de sua lista de convidados do chá de bebê, você deve incluir um envelope endereçado e selado e uma nota digitada pelo próprio com cada convite que diga algo assim:

Você pode criar qualquer variação que desejar. Este é apenas um pequeno exemplo simples que destaca as coisas que você deve perguntar: se um convidado está participando ou não.

Em outras palavras, você não quer nenhuma área cinza aqui; você não quer nenhum default que diga:

Eu não respondi, então não vou. Uma pequena nota como a anterior obriga, de forma educada e de bom gosto, seu convidado a informá-lo ativamente se ele vai aparecer ou não.

Agora, se a sua lista de convidados do chá de bebê for menor e for viável fazer isso, você pode pular a campanha de mala direta e apenas telefonar para as pessoas e pedir que participem.

Se você tiver tempo e capacidade para fazer isso (por exemplo, a lista de convidados é pequena o suficiente para você gerenciar), este é o método preferido.

Isso dá a seus convidados a oportunidade de fazer perguntas pertinentes, como se a futura mamãe está em algum registro de presentes. Vamos falar sobre isso agora.

Para registro de presentes ou não para registro de presentes

Esta é mais uma daquelas decisões divertidas que envolvem a futura mãe e, provavelmente, o futuro pai também.

Os registros de presentes são, em geral, invenções maravilhosas porque resolvem de maneira conveniente muitos problemas potencialmente confusos, como:

Fralda-Calça Dia & Noite MamyPoko Tamanho G, Pacote com 34 Unidades LINK>> https://amzn.to/3239eTc

O QUE OS FUTUROS PAIS VÃO QUERER DE PRESENTE?

Quais itens de presente já foram comprados por outros convidados?

Qual faixa de preço é apropriada?

Portanto, com todas essas evidências a favor dos registros de presentes, por que alguém não poderia usar um? Bem, existem algumas razões.

O motivo mais simples é o de preferência. Algumas pessoas simplesmente não querem limitar a variedade de coisas que os hóspedes podem comprar; especialmente se alguns presentes normalmente não são encontrados em lojas que oferecem registros.

Por exemplo, alguns convidados artísticos podem querer criar algo para o bebê; talvez um móbile de madeira ou um belo quadro para pendurar no quarto do bebê.

Esses tipos de itens, por definição, não podem aparecer em um registro de presentes; e assim, os futuros pais podem querer evitar o uso de um.

Outro motivo é o custo. Dependendo do número de pessoas convidadas para o chá de bebê, e presumindo-se que aquelas que foram convidadas participem, pode haver um ligeiro embaraço se o registro contiver possibilidades de presentes que francamente podem estar fora da faixa de preço de uma pessoa. Isso pode ser realmente estranho.

Por exemplo, se 20% dos presentes no registro estiverem abaixo de, digamos, $ 30, há alguma possibilidade de que esses presentes sejam arrebatados primeiro; deixando assim um retardatário comprar algo mais caro, ou arriscar comprar algo que não está no registro e, portanto, pode não ser desejado pelos pais.

Para ajudar a lidar com essa situação, é possível para você (como organizador) recomendar informalmente que as pessoas se juntem para comprar certos itens maiores, como um berço ou um carrinho de bebê.

Dessa forma, as pessoas ainda podem ficar dentro de seus limites de orçamento, mas comprar algo que os pais desejam e, de fato, precisam (já que bebês podem ser muito caros!).

Lembre-se, é claro, que se você escolher a rota do registro, fornecerá todos os detalhes necessários. Também pode ser aconselhável incluir seu número de telefone se alguém tiver dúvidas sobre presentes ou sobre o registro.

O punhado de pessoas que podem ficar presas a presentes caros podem ligar para você na mesma hora, e você pode sugerir com tato que todos se reúnam e comprem um item caro. Voila: problema resolvido !!

SEGURANDO O CHUVEIRO

OK. Você já descobriu quando deve tomar banho, quem convidar e se deve ou não usar um registro de presentes. Então é só isso, certo? Dificilmente!

Na verdade, você trabalhou bastante (aplauda-se!). Mas ainda há mais trabalho a fazer. Agora você está realmente na zona e é hora de descobrir o que vai fazer no banho.

Agora, esta pode parecer uma seção estranha. Afinal, as pessoas vão aparecer no banho, vão se abraçar, sorrir, rir, chorar (com alegria, claro) e se divertir. Essa parte está resolvida. No entanto, há mais do que isso.

Além dos eventos naturais que vão ocorrer no chá de bebê, você deseja continuar administrando durante o banho. Em outras palavras, você quer ter coisas para seus convidados fazerem e para eles beberem / comerem.

Vejamos cada um desses aspectos importantes a seguir.

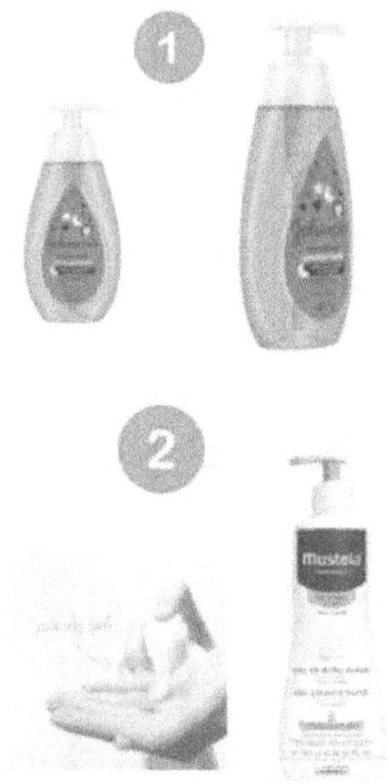

01)	Sabonete Líquido Infantil Hora do Sono, Johnson's, 200ml LINK>>> https://amzn.to/382N5rM

02)	Sabonete Líquido Hipoalergénico Gel Lavante Corpo e Cabelo, Mustela Bebê, Azul, Grande/500 Ml

Link>>> https://amzn.to/3jJjVA1

COISAS A FAZER: TEMAS

Caso você não tenha tomado um chá de bebê recentemente, aqui estão algumas informações úteis para você: os temas estão na moda!

Isso significa que mais e mais pessoas estão optando por criar um certo estilo ou tema de chá de bebê. Você se lembra daquelas danças do colégio que eram construídas em torno de um tema?

Como o tema dos antigos, ou o tema do rock & roll, ou algo mais? E as decorações e assim por diante refletiam o tema escolhido? Bem, esse é o mesmo negócio aqui com chás de bebê temáticos.

Agora, o céu é realmente o limite para o tema que você gostaria de usar. Sério: qualquer coisa que você possa imaginar, desde que seja realista e dentro do seu orçamento, está bom.

Para criar um tema, basta fazer com que os seguintes itens reflitam o que você escolheu:

os convites devem refletir o tema escolhido (por exemplo, Alice no País das Maravilhas)

o banheiro do bebê deve ser decorado com itens que reflitam o tema (por exemplo, cores, pôsteres, adereços como bichos de pelúcia ou balões)

os lanches e a comida (discutidos mais adiante neste livro) devem refletir o tema.

01) Bon Appetit, Burigotto, Mon Amour, XL

link>> https://amzn.to/381iVoP

02) Cadeira de Refeição Portátil Smart

Link>>> https://amzn.to/3jUB9La

TEMA: UMA FESTA DO CHÁ

Você se lembra de brincar de chá quando era criança? Você se reunia com seus amiguinhos, ou talvez seus bichinhos de pelúcia (que estavam vivos, é claro), e juntos se sentavam e desfrutavam de uma conversa agradável e despreocupada tomando uma xícara de chá.

Naquela época, é possível que seu chá fosse, bem, da variedade invisível. Afinal, você não podia ter água fervente na panela; você pode se queimar! Agora, porém, você está crescido e pode desfrutar da variedade visível de chá (tem um gosto um pouco diferente).

Para aproveitar este tema, basta recriar a visão de quando você era jovem. Convide todos os seus bichinhos de pelúcia (que ainda estão vivos, é claro) e peça-lhes que se sentem em cadeiras ao redor da área onde será realizado o chá de bebê (provavelmente a sala de estar ou talvez um porão pronto).

Este tema certamente trará de volta muitas lembranças calorosas para todos os seus convidados; porque a maioria de nós jogou chá algumas vezes.

Para isso, você pode convidar cada um a trazer um bicho de pelúcia que possa comparecer às festividades (podendo até deixar o bicho de pelúcia como um brinde para o bebê!).

TEMA: CELEBRIDADE

Sério: quem não gostaria de se sentir uma celebridade de vez em quando? Imagine ter pessoas ao seu redor correndo para pegar seu autógrafo ou tirar uma foto sua para aquelas revistas de glamour ... ah, que vida.

A celebridade aqui, porém, não será você (desculpe), nem mesmo a futura mamãe. Vai ser o bebê dela! Portanto, este tema pede decorações que sejam dignas de uma estrela - talvez até mesmo um grande letreiro de Hollywood no gramado ou no corredor da frente.

E os convites também podem ser lançamentos de publicidade em vez de convites tradicionais, anunciando a chegada da próxima estrela em ascensão de Hollywood.

E, claro, não se esqueça do bolo! Em vez de um bolo normal, você pode ter um em forma de estrela - como na Calçada da Fama de Hollywood!

Todos esses pequenos elementos ajudam a adicionar humor e energia ao chá de bebê, e ainda mais garantem que seja uma experiência memorável para todos, especialmente para a futura mamãe.

TEMA: BEBÊ LITERÁRIO

Não importa que tipo de infância tivemos, ou quantas vezes nos pegamos enrolados lendo aquele primeiro livro que causou uma impressão tão positiva em nossa crescente imaginação.

Pode ter sido um livro do Dr. Seuss, ou talvez algo um pouco mais tarde, como seu primeiro Nancy Drew Mystery.

Mesmo assim, um chá de bebê com tema literário pede que cada convidado traga (além do presente) um livro especial de sua infância; algo que os inspirou e, de fato, continua a ter um lugar especial em seus corações depois de todos esses anos.

Embora leve alguns anos antes que o bebê aprenda a ler qualquer um dos livros, eles servirão como uma biblioteca maravilhosa na qual a criança poderá crescer; especialmente porque cada livro foi escolhido com muito cuidado e carinho.

De valor adicional, ter um tema literário é um quebra-gelo fantástico. Isso dá a todos a chance de compartilhar por que o livro foi tão especial para eles.

Provavelmente, haverá muitos acenos de cabeça e sorrisos e talvez até algumas lágrimas também (o tipo bom, é claro!).

COISAS A FAZER: JOGOS

Os chás de bebê são locais ideais para jogos. Eles não apenas ajudam a quebrar o gelo e fazer as pessoas rirem, mas como os chás de bebê são para se divertir: o que é mais divertido do que um bom jogo? É melhor do que trabalhar né!

Existem vários jogos que você pode jogar, desde padrões antigos, como charadas, até ideias mais modernas, como jogos de curiosidades.

Uma visita à sua loja de brinquedos local irá enchê-lo de várias idéias do que poderia funcionar.

No entanto, você pode querer criar um jogo que tenha uma sensação especial de chá de bebê; algo que é divertido e ligeiramente competitivo, mas está relacionado ao fato de que está sendo tocado em um chá de bebê.

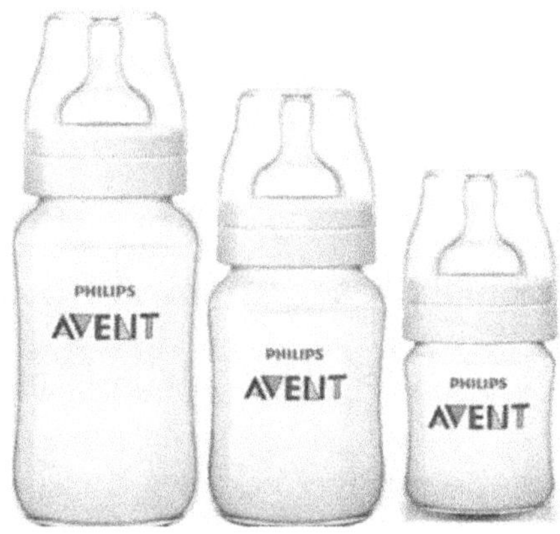

Kit Avent Classic+ 3 Mamadeiras 125, 260,

330ml Philips Avent link>> https://amzn.to/34KE84e

JOGO: A PLACA VENCEDORA

Este joguinho bacana envolve o que a maioria das pessoas ama na vida: comida! Basta colocar a foto de um bebê embaixo de um dos pratos que será entregue aos convidados enquanto comem. Não diga a ninguém que a imagem está lá; apenas deixe-os comer.

Quando a parte da refeição do evento estiver chegando ao fim, diga aos seus convidados para espiarem embaixo do prato e dê um prêmio ao sortudo que tiver a foto!

JOGO: O PREÇO É JUSTO

As pessoas parecem adorar este jogo, porque é baseado no que muitos consideram o melhor game show de todos os tempos: O Preço Certo!

Simplesmente compre uma série de itens para bebês, como fraldas, papinhas, chupetas ou qualquer coisa que possa ser encontrada em uma mercearia comum de bairro. Em seguida, peça aos convidados que façam um lance de quanto eles acham que tudo custou.

Recompense cada licitante vencedor com um prêmio; ou ofereça pontos a eles e some os pontos no final. O vencedor do jogo geral pode ganhar um prêmio.

JOGO: ISSO ... FUI EU?

Este é um jogo extremamente divertido! Convide cada convidado a trazer uma foto sua de bebê. Colete cada imagem e coloque-as em um quadro gigante. Durante o chá de bebê, permita que os convidados subam e percorram o grande quadro de fotos.

Dê a cada convidado uma folha de papel e uma caneta / lápis e peça-lhes que escrevam os nomes de quem eles acham que cada imagem é (coloque um número ao lado de cada imagem para que possam ser referenciados).

No final do jogo, revele as respostas e veja quem tem o melhor olho! Este jogo não é apenas ligeiramente competitivo, mas também sempre leva a muitas risadas e ohhhh vocês foram tão fofinhos!

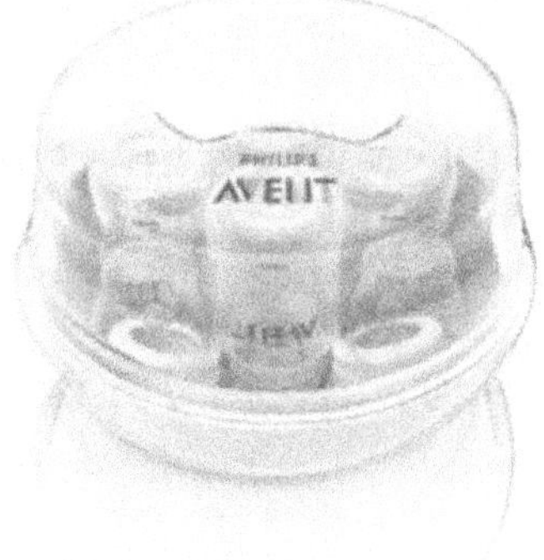

Esterilizador de Microondas, Philips Avent,

Azul/Branco link>>> https://amzn.to/3kMKZjq

COMIDA

A primeira observação é que uma refeição completa realmente não é típica de um chá de bebê. Em vez disso, petiscos, aperitivos e petiscos como batatas fritas e biscoitos são mais comuns. Um bolo também é bastante comum, assim como outras sobremesas, como sorvetes e tortas.

Se você vai fazer alarde em qualquer um dos itens, ir um pouco mais nos desertos é geralmente considerado a abordagem mais aceitável. Afinal, quem não ama bolo?

Além disso, conforme observado acima, os alimentos no chá de bebê podem estar relacionados ao tema. Se o tema for celebridade, por exemplo, os sanduíches podem ter o formato de estrelinhas.

Os alimentos não precisam refletir o tema; o que significa que você deve se sentir mal, ou como um fracassado, se não encontrar uma maneira de fazer pequenos sanduíches em formato de estrela (é realmente uma forma de arte!).

No entanto, se você conseguir juntar tudo, fará do chá de bebê um evento muito mais memorável para os convidados e os futuros pais.

Ter uma ampla seleção também é importante; e discutiremos isso com alguns detalhes na seção "Dicas internas" deste livro. Basta dizer, tente e tenha variedade suficiente para levar em conta os gostos e preferências alimentares.

Hoje em dia, a abordagem mais inteligente é permitir que os hóspedes se preparem um pouco.

Por exemplo, em vez de colocar o molho para salada na salada, ou colocar condimentos como maionese nos sanduíches, você pode deixar que seus convidados os adicionem, se assim desejarem.

O mesmo vale para desertos. Embora seja maravilhoso ter bolos saborosos e tortas saborosas, é sempre bom oferecer frutas como alternativa. Algumas pessoas podem não querer (ou podem não ser permitidas!) Consumir tantas calorias ou desfrutar de tanto açúcar.

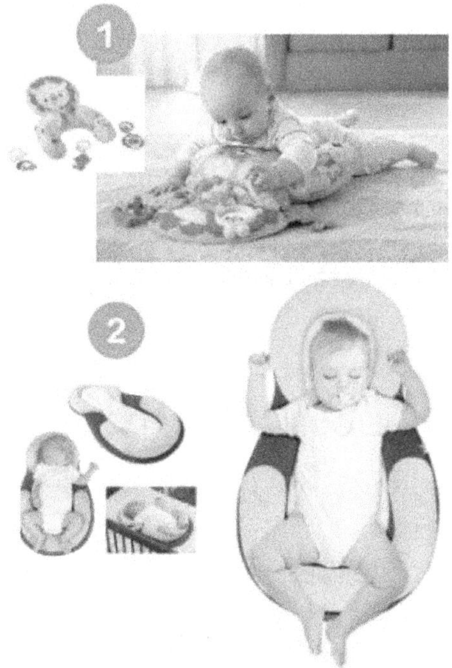

01) Leãozinho Divertido, Mattel, Fisher Price

link>> https://amzn.to/3jLEr3e

02) Almofada confortável portátil para Recém-

Nascido Bebê link>> https://amzn.to/3oK66Ff

COISAS A FAZER: PLANEJAR

Nem é preciso dizer (mas digamos assim mesmo, já que estamos todos aqui juntos!).

PLANEJE COM ANTECEDÊNCIA!

Você pode ser uma daquelas pessoas muito talentosas que tendem a fazer coisas sem muito planejamento; você apenas tem o dom de puxar coisas e, freqüentemente, de puxá-las bem na hora.

Se isso soa como você, então você realmente deveria prestar atenção a esta sábia palavra: PLANEJE COM ANTECEDÊNCIA!

O problema do chá de bebê é que existem muitas variáveis que se combinam para determinar se ele é bem-sucedido ou não. Como você sabe pela leitura da primeira seção deste livro, tudo, desde a escolha da época do ano para o banho, até a quantidade de tempo para "confirmar" os convites, são elementos que podem influenciar no banho.

Ou, para ser mais franco: se algo estiver errado em qualquer um desses elementos, é quase certo que eles irão influenciar negativamente a experiência geral do chá de bebê.

Então, como você lida com isso? Simplesmente planejando com antecedência. Tenha um plano - escreva-o! - e veja o que você tem que fazer e em que prazo. Se precisar de ajuda, converse com a futura mamãe e recrute alguns representantes.

Se precisar de ajuda para tomar uma decisão, como quem convidar, obtenha a ajuda de que precisa. Ao planejar, você pode ver o que precisa fazer e, portanto, pode ir em frente e fazer.

Por outro lado, quando você não planeja, quase certamente vai esquecer um ou dois detalhes. No momento, eles podem parecer menores ("eu realmente preciso fazer o acompanhamento com pessoas que não confirmaram o convite?").

No entanto, quando o chuveiro realmente acontece, é como correr um carro na Indy 500: se houver falhas, elas serão expostas. Portanto, não deixe seus pequenos detalhes voltarem para morder você, ou qualquer um dos outros convidados (incluindo a futura mamãe).

Se você não for um bom planejador, esta é sua oportunidade de se tornar um. Não é tão difícil assim; requer apenas um pouco de esforço (isso vai longe!).

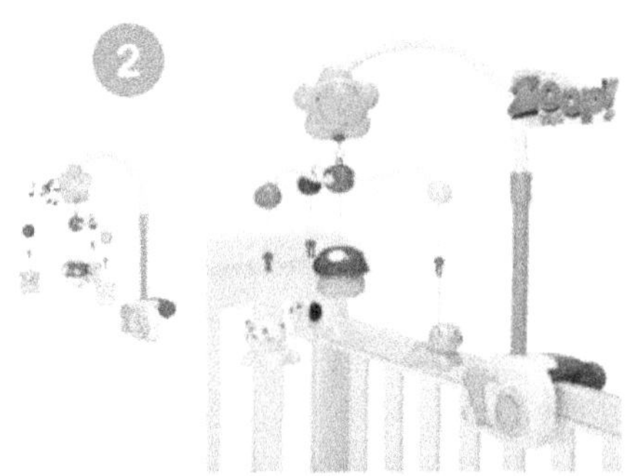

01)   Projetor Berço Next 2 Stars Rosa

link>> https://amzn.to/35Ra7zi

02)   Móbile   Musical   Divertido   Animais
Inteligente Bebê Canta 26 Músicas Acende Luz
Estimula Coordenação

Link>   >>   https://amzn.to/323j5s0

COISAS A FAZER: DECORAR

Uma das coisas mais memoráveis sobre o chá de bebê serão as decorações. Eles podem parecer mais um pequeno detalhe em um mar de detalhes, mas serão algo que as pessoas notarão, apreciarão e, na verdade, lembrarão.

Você não precisa exagerar nas decorações e não precisa gastar muito dinheiro. Na verdade, o maior investimento aqui provavelmente será o seu tempo. Basta escolher as decorações que refletem o tema que você escolheu. Você pode querer consultar a futura mamãe sobre as decorações.

Por exemplo, se a futura mamãe tem um medo mortal de aranhas, um tema da Web de Charlotte com decorações de aranhas gigantes provavelmente não é a decisão mais sábia a tomar.

Coisas a fazer: atender adequadamente

Talvez mais do que nunca, as pessoas levam muito a sério o que comem; e o que eles não fazem. No passado, era de certa forma seguro tomar decisões de catering com base no entendimento religioso ou cultural.

Por exemplo, muitos católicos não comem carne vermelha na sexta-feira. Dessa forma, se a lista de convidados incluísse pessoas que você sabia que seguiam essa prática, você simplesmente incluiria alternativas sem carne vermelha, como frutos do mar. Ou se seus convidados fossem judeus, você não serviria carne de porco.

Embora essas regras de alimentação cultural ainda se apliquem, mais pessoas atualmente estão optando por comer com base em escolhas de estilo de vida, não apenas religiosas ou espirituais.

Muitas pessoas, por exemplo, não comem alimentos que contenham gorduras trans. Ou muitas pessoas não comem alimentos ricos em carboidratos ou proteínas (é difícil dizer qual é bom hoje em dia e qual é ruim!).

Existem também muitos mais vegetarianos praticantes no mundo ocidental agora; e isso também pode ser um pouco confuso. Algumas pessoas que se descrevem como vegetarianas comem peixe. Alguns vão beber leite. Alguns não comem queijo ou mel.

Para se divertir, acesse o site de qualquer companhia aérea internacional, como American Airways ou Delta, por exemplo. E em seu site, basta verificar a seção de hospitalidade a bordo para ver os diferentes tipos de refeições disponíveis.

Você ficará surpreso com a quantidade de categorias diferentes de alimentos que existem. Você encontrará de tudo, desde baixo teor calórico a lactovegetariano, baixo teor de carboidratos, baixo teor de sódio e ainda mais.

Agora, não se preocupe: você não precisa servir dezenas de tipos de comida! A ideia aqui é simplesmente ter consciência de que no mundo de hoje, as pessoas estão muito mais informadas sobre o que vão comer; e o que eles não vão.

Então, quando você tomar suas decisões de catering, tente pensar um pouco fora da caixa. Isso significa que você deve verificar se alguma escolha que você está fazendo pode limitar o prazer de seus convidados por um determinado alimento.

Por exemplo, se você está pedindo sanduíches pequenos, pode ser sensato ter frios em um prato separado que as pessoas possam escolher e escolher a seu critério. Quem não quer charcutaria (por qualquer motivo, incluindo preferência de sabor) não pode simplesmente escolher.

Considere também os tipos de alimentos que você oferece. Se a sua lista de convidados será predominantemente preenchida por idosos, alimentos como o aipo - que são assassinos em dentaduras! - não é uma boa ideia.

Antes de passarmos para o próximo chá, por favor, pare um momento para considerar se você beberá álcool no chá de bebê. Bem, este livro não é um guia jurídico e nada dentro dele, naturalmente, deve ser visto como um conselho jurídico.

No entanto, de acordo com relatos da mídia, houve alguns casos em que pessoas em festas consumiram muito álcool e, como resultado, se machucaram e outras pessoas. Isso é trágico o suficiente, mas para adicionar ainda mais infelicidade, os anfitriões da festa também foram vistos como parcialmente responsáveis.

Agora, esses casos isolados que têm atraído tanta atenção da mídia foram para festas de fim de ano e festas de fim de ano, onde o álcool é considerado um item básico das festas.

É difícil imaginar um chá de bebê em que alguém bebesse além do ponto de sensato.

Ainda assim, pode acontecer e é algo que você simplesmente precisa estar atento. Portanto, se você vai servir álcool de qualquer tipo - seja ponche, vinho ou refrigeradores de vinho, etc. - certifique-se de fazer o que for necessário para interromper as pessoas que podem não saber quando parar.

Ou, como muitas pessoas, você pode simplesmente optar por um chá de bebê sem álcool e não pensar duas vezes!

A escolha é sua (e provavelmente dos futuros pais), mas é algo que vale a pena discutir de antemão.

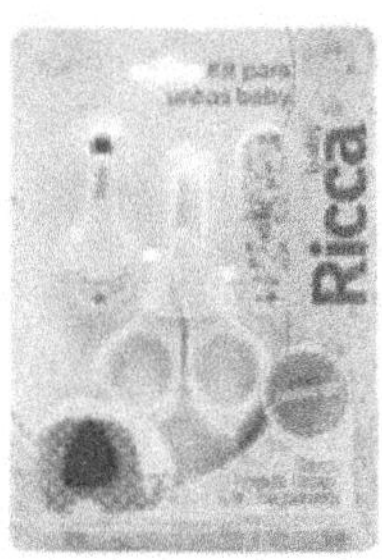

01) Diversão no banho! Amiguinhos do mar

(Português) Livro de banho

Link>> https://amzn.to/2HVCGTZ

02)Kit Manicure Baby Colors

Link>> https://amzn.to/3kPeu3V

COISAS A FAZER: DEFINIR UM LIMITE DE TEMPO

Os chás de bebê são eventos maravilhosos, repletos de risos relaxantes e emoções positivas compartilhadas. No entanto, todas as coisas boas têm um fim. Ou melhor, todas as coisas boas deveriam acabar enquanto ainda são boas.

Isso significa, simplesmente, que você deve ter um horário claro para o fim do chá de bebê. Isso permite que os hóspedes planejem seu dia de maneira eficiente e também dá a todos a chance de sair ao mesmo tempo e não parecer indelicados por "ter que correr e perder toda a diversão".

Você não precisa monitorar o chá de bebê para que fique precisamente dentro do horário; isso não é um trabalho, lembre-se, e não há acionistas!

Embora você certamente deseje conduzir o chá de bebê por suas várias fases (como passar dos jogos à comida com tempo suficiente para as pessoas comerem), o importante aqui é que o chá de bebê termine na hora certa.

Coisas que NUNCA fazer: não escolha jogos estranhos

Percorremos um longo caminho desde as charadas. Agora, existem prateleiras cheias de jogos projetados especificamente para adultos. Alguns desses jogos, como você pode imaginar - ou pode até ter se divertido uma ou duas vezes - são do ... er ... bem, eles podem ser um pouco atrevidos.

E eles podem fazer perguntas embaraçosas e inspirar momentos embaraçosos; porque isso faz parte da diversão do jogo.

Agora, você simplesmente não quer que a palavra "estranho" fique em qualquer lugar perto do chá de bebê. Na verdade, você deseja manter-se desajeitado a pelo menos 150 metros de distância do chá de bebê o tempo todo.

Portanto, para ajudar a fazer isso, certifique-se de que os jogos que você escolher sejam adequados para todos e não levem a situações embaraçosas.

Além disso, pense ainda mais além do que se o jogo em si se destina a "apenas adultos". Alguns jogos, como Twister, não costumam ser apreciados por pessoas que podem ser obesas ou que sofrem de limitações físicas.

Por exemplo, se um de seus convidados está confinado a uma cadeira de rodas, ter um jogo que requer mobilidade - como Twister, ou uma interpretação estimulante de cadeiras musicais - pode ser muito estranho.

Na verdade, pode inspirar sentimentos feridos.

Naturalmente, não se pode esperar que você planeje com antecedência para todas as eventualidades.

Você não saberá, por exemplo, que um dos convidados teve uma experiência muito traumática com a piñata quando criança e, portanto, sai correndo da sala gritando ao ver um deles voando pelo ar. Então, o que você deve fazer quando não consegue saber tudo o que há para saber?

Simples: apenas tem algumas opções. Mantenha alguns jogos de backup à mão, para o caso de detectar que as pessoas não se sentem confortáveis com as escolhas.

Parece uma coisa pequena, mas pode realmente fazer a diferença entre manter o constrangimento afastado ou deixá-lo travar o chá de bebê.

Coisas que NUNCA fazer: não peça às pessoas que comam em pé

Algumas pessoas gostam de comer em pé; particularmente crianças, que sempre parecem estar em movimento e prontas para fazer o que vem a seguir. Alguns até comem enquanto fazem outra coisa, como caminhar ou falar ao telefone.

No entanto, é seguro presumir que seus convidados do chá de bebê não serão tão frenéticos com seus movimentos.

Eles provavelmente vão querer sentar-se e comer em paz; e é por isso que você deve garantir que eles tenham um lugar para se sentar e um lugar para comer.

Este é um descuido que muitos produtores de chás de bebê muito bem-intencionados cometem. O fato é que às vezes é muito difícil imaginar quanto espaço para mesa e cadeira é necessário.

Uma sala pode parecer muito espaçosa, mas preencha-a com 15 pessoas ou mais e ela pode ficar muito apertada.

Novamente, a solução para isso está na palavra plano. Dê uma boa olhada no espaço onde acontecerá o chá de bebê. Literalmente conte o número de espaços sentados e o número de espaços de mesa.

Se não houver um número suficiente de ambos para atender confortavelmente o número de pessoas presentes, você precisa fazer algo a respeito.

Uma solução rápida e fácil poderia ser alugar mesas e cadeiras dobráveis que podem ser retiradas e guardadas quando a comida terminar.

Ou, se o tempo estiver bom, você pode contar com fazer as coisas ao ar livre. Se você fizer isso, no entanto, lembre-se de que algumas pessoas ainda podem querer comer dentro de casa. Além disso, sempre tenha em mente que as previsões do tempo são simplesmente isso: previsões

Não superestime a precisão de uma previsão ensolarada; todos nós acordamos com tempestades no dia do grande piquenique.

Também tenha em mente que na cultura ocidental (por exemplo, americana, canadense e algumas partes da Europa Ocidental), o espaço pessoal é geralmente visto como maior do que em outros países.

Você pode ver isso visivelmente se andar de metrô em, digamos, Nova York em comparação com Tóquio.

Quando possível, os nova-iorquinos permitirão cerca de 60 centímetros de espaço pessoal ao redor de cada pessoa. É claro que na hora do rush isso não é possível, mas por outro lado, a regra de 2 pés geralmente é mantida.

Em Tóquio, no entanto, as expectativas de espaço pessoal são de cerca de 1 pé; independentemente da densidade do vagão do metrô.

As pessoas no Japão se sentem simplesmente mais confortáveis com uma órbita espacial pessoal de 30 centímetros, enquanto as pessoas nos Estados Unidos ficam simplesmente mais confortáveis com uma órbita de mais de 60 centímetros.

O que isso significa para você? Isso significa que você deve estar ciente das necessidades de espaço pessoal de seus convidados; porque se você não for, eles ficarão desconfortáveis. Portanto, mesmo que acredite que tem espaço suficiente para sentar e alimentar 15 pessoas, pergunte-se: é realmente esse o caso?

Ou você está literalmente empanturrando as pessoas para se sentarem e comerem lado a lado de uma maneira culturalmente desconfortável?

São pequenas coisas como essas que podem parecer detalhes superficiais, mas, na verdade, fazem uma grande diferença quando o chá de bebê realmente acontece.

Portanto, se você realmente não tem espaço suficiente, tome medidas para encontrar mais espaço; ou, pelo menos, não sirva alimentos como sopas que requerem uma área de alimentação estável (cadeira e mesa firmes).

Se você não conseguir encontrar espaço suficiente para todos os convidados, escolha alimentos como sanduíches secos que as pessoas podem comer de pé ou sentar em uma escada.

Obviamente, o ideal é que todos se sentem. Mas se você não puder, então sua escolha de bufê pode tornar as coisas tão boas quanto podem ser, considerando todas as coisas.

CONVIDAR HOMENS?

Uma tendência muito boa durante a última geração ou mais é que mais homens estão participando de toda a experiência do parto.

Muitos homens também estão envolvidos no próprio parto, auxiliando a mãe com orientação e ajudando-a a suportar o estresse.

Diante disso, não é estranho imaginar que os homens participem de chás de bebê em números sem precedentes.

A decisão de ter homens no chá de bebê - e esses seriam amigos do pai - é uma decisão que, naturalmente, seria tomada por ambos os futuros pais. Não é nada que o produtor do chá de bebê (você!)

Deva assumir; porque pode haver prós e contras sobre a sabedoria dessa opção mista.

Se você decidir convidar homens, certifique-se de que isso esteja refletido no convite. Além disso, lembre-se de que muitos homens consideram o domingo um dia sagrado mais do que apenas em termos religiosos.

Durante a temporada de futebol (outubro a janeiro), o domingo é um dia muito importante para muitos homens; e comparecer ao banho pode ser a última coisa que eles querem fazer.

Portanto, apenas tenha isso em mente e, se você tiver que fazer algo em um domingo, certifique-se de que não seja domingo do Super Bowl!

E há um período em março carinhosamente chamado March Madness; é um momento muito especial para muitos homens (e mulheres!).

Se você não tiver certeza de quando serão esses momentos especiais, consulte o seu especialista em esportes local. Eles serão capazes de dizer quando são as temporadas alta e baixa!

Também tenha em mente que alguns dos elementos femininos de um chá de bebê tradicional - como, talvez, o tema Tea Party - provavelmente devem ir pela janela se você estiver fazendo coisas conjuntas.

Encontre algo divertido e, se possível, neutro em termos de gênero.

Lembre-se também de que, apenas devido à educação cultural, muitos homens não gostam do lado delicado da vida.

Portanto, embora eles tenham o prazer de comparecer para apoiar seu amigo (o futuro pai), não espere que eles fiquem com os olhos marejados ao discutir por que Little Women foi o livro mais importante de suas vidas.

CONCLUSÃO

Respire fundo e dê a si mesmo uma salva de palmas. Agora você sabe mais sobre como planejar o chá de bebê perfeito do que a maioria das pessoas.

Por exemplo, agora você sabe a importância de planejar tudo, desde o horário do banho até a comida servida e se há espaço suficiente para as pessoas comerem e se sentarem confortavelmente.

Você também conhece temas e brincadeiras que podem tornar o chá de bebê um evento memorável e alegre para todos. E, é claro, você conhece algumas das coisas essenciais que podem fazer e não fazer que podem fazer toda a diferença para determinar se um chá de bebê será bem-sucedido ou se terá algum problema ao longo do caminho.

Lembre-se, como apontamos no início deste livro, sua visão aqui, ao planejar o chá de bebê perfeito, deve ser flexível; não há receita garantida que levará magicamente à experiência perfeita.

Cada chá de bebê tem seus próprios aspectos únicos e há realmente uma maneira de prever o que vai acontecer.

No entanto, ao seguir o conselho comprovado, simples e claro deste livro, você se colocará à frente do grupo e realmente começará a agir imediatamente.

➤ Enquanto outros não conseguem entender por que jogar tabu foi um erro, os convidados do chá de bebê que você preparou não terão esse problema.

➤ Enquanto outros tentam forçar seus convidados a comer uma sopa quente sem uma mesa para descansá-la, seus convidados apreciarão sanduíches que viajam bem.

➤ Enquanto outros entediam seus convidados, seus convidados vão rir e se divertir graças aos temas e jogos que você forneceu.

➤ Enquanto outros preparam um chá de bebê que carece de personalidade e exclusividade, as pessoas vão adorar aquele que você montou nos próximos anos.

➢ Enquanto outros cometem o pecado capital de convidar homens para um chá de bebê no domingo do Super Bowl, ou durante o Sweet 16 do torneio de basquete da NCAA quando a universidade local está jogando, você terá pessoas enviando cartões de agradecimento por sua consideração na programação coisas em torno daquele dia importante.

...e a lista continua e continua!

Boa sorte, divirta-se e lembre-se: os chás de bebê são para compartilhar bons momentos e se divertir! Mantenha isso em mente e não há problema ou desafio que você não possa superar.

E não se esqueça de manter um diário de suas experiências - positivas e não tão positivas. Isso pode servir como uma lembrança inestimável de sua experiência no chá de bebê e como uma ferramenta muito útil para você quando for para o seu próximo chá de bebê; ou ajude alguém a planejar seu evento perfeito!

SOBRE O AUTORE

Alexsandro Fernandes de Oliveira é um empresário que vive em Florianópolis SC / BR que adora compartilhar conhecimento e ajudar outras pessoas no tópico de saúde e qualidade de vida.

Alexsandro F. é uma pessoa apaixonada que vai além e entrega em excesso.

Palavras de sabedoria:

"Eu acredito que não há segredos para se ter sucesso na vida. E eu realmente acredito que o resultado para o verdadeiro sucesso na vida é o resultado do trabalho duro, da preparação e o mais importante de todos eles, o aprendizado com as falhas.

Se você gostaria de aprender mais sobre Alexsandro F. por favor visite:

Seu site www.livrosobresaude.com.br

as toxinas que estão no ar que você respira, na água que bebe e nos alimentos que ingere.

Nesse caso, você precisa fazer algo a respeito.

Link >>> https://amzn.to/2HOVtjl

ÓLEO DE COCO: MANUAL COMPLETO

O óleo de coco, o guia completo de saúde natural! Descubra os benefícios do óleo de coco para a saúde hoje!

Descubra como o óleo de coco pode curar doenças comuns, ajudá-lo a perder peso sem perder o sabor delicioso de seus alimentos favoritos e muito, muito mais!

O óleo de coco tem alta reputação por especialistas em saúde natural e médicos de uma ampla

O óleo de coco, o guia completo de saúde natural!

Link   >>>>   https://amzn.to/3lvc5vc

Link>> https://amzn.to/2JpQHdb

SUCOS: RECEITAS DE SUPLEMENTOS NATURAIS

Link >>> https://amzn.to/3m5U8DV

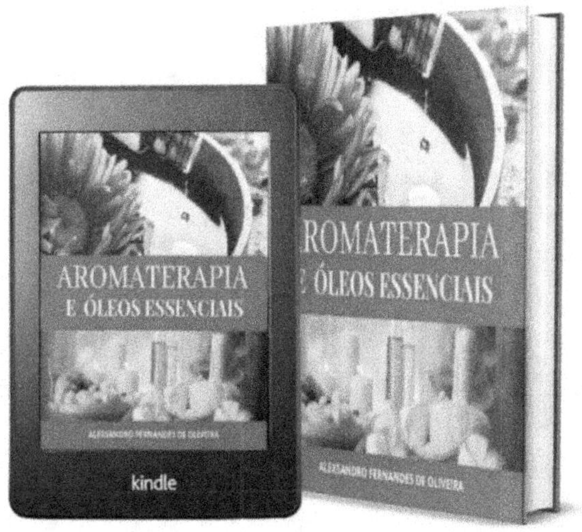

AROMATERAPIA: CURANDO CORPO E MENTE

Link >> https://amzn.to/35nhDBw

DETOX: EMAGRECIMENTO NATURAL

Link >>> https://amzn.to/34fARK7

10 DIAS DE DETOX: Um programa de desintoxicação LINK >> https://amzn.to/3kknaiv

RECURSOS EXTRAS

Aqui estão links para alguns recursos que acredito que irão ajudá-lo:

Suco de Oxicoco (cranberry)

Originário da América do Norte, o oxicoco também é conhecido pelos nomes de mirtilo vermelho, uva-do-monte, arando ou cranberry, que é o seu nome na língua inglesa.

Ele é fonte de nutrientes necessários ao nosso organismo como carboidratos, proteínas, fibras, vitamina A, vitamina B1, vitamina B2, vitamina B3, vitamina B5, vitamina B6, vitamina B9, colina (vitamina do complexo B), vitamina C, vitamina E, vitamina K, cálcio, ferro, magnésio, fósforo, potássio, zinco, cobre, manganês e selênio.

Consumir suco de cranberry regularmente pode ajudar a reduzir o risco de Câncer.

Ele trabalha para manter seu coração saudável e seus níveis sanguíneos baixos devido ao seu alto teor de antioxidantes.

Suco de aipo

O aipo também contém grandes quantidades de vitaminas A, C, K e folato como potássio.

Se você quiser tirar o máximo proveito disso, certifique-se de misture as folhas em seu suco, pois contêm potássio extra conteúdo.

Espero que este relatório especial ajude você a iniciar sua jornada no mundo do suco e que você desfrute dos muitos benefícios que vêm com isso.

Para viver sua melhor vida!

EQUIPAMENTOS PARA PROCESSAR

espremedores centrífugos

Os espremedores centrífugos são provavelmente os espremedores mais comuns. Isso ocorre porque eles são normalmente mais baratos e fáceis de usar.

Este tipo de espremedor usa uma peneira giratória de alta velocidade com um disco de lâmina de aço inoxidável na parte inferior.

Quando você solta o produto no topo da máquina, o disco giratório fragmenta todo o produto em uma polpa fina. Isso libera o suco e o empurra através da peneira.

A alta velocidade da força centrífuga cria muito ruído e tende a oxidar o suco mais do que um espremedor mastigador de movimento lento.

Este processo cria mais espuma e um tempo de armazenamento mais curto.

LIQUIDIFICADOR UNIQUE INOX 1.75 L 1800 W

110 V, SEMP TCL LI9018PT1, PRATA

LINK   >>>   https://amzn.to/30TTq4A

LIQUIDIFICADOR NEW XPERT OSTER 1100W

LINK >>>>> https://amzn.to/34KOxvC

CENTRIFUGA DE ALIMENTOS, JUICER 700, 400W,

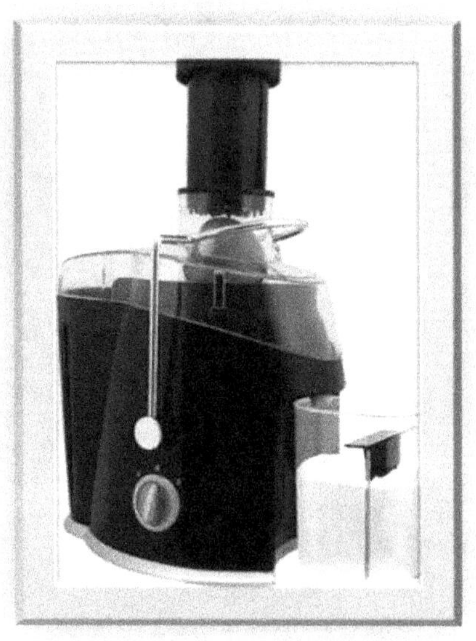

LINK   >>>>   https://amzn.to/34PzaIA

CENTRIFUGA TURBO JUICER

LINK >>>> https://amzn.to/3dh616P

SUPER LIQUIDIFICADOR E PROCESSADOR

LINK >>>> https://amzn.to/33PMQ0P

MEU
PRIMEIRO
BEBÊ
Dicas sobre: Tempo de Ligação,
Vesti-lo, Trocar Fralda, Nutrição
Enteda os Choros , Alergias,
Alimentação
www.LivroSobreSaude.com.br